histoire d'Elles

Louise Michel

Évelyne Morin-Rotureau

pemf

Crédits iconographiques

Giraudon/Lauros : couverture - **Harlingue-Viollet :** page de titre, 21 *(haut)* - **Boyer-Viollet :** p. 2 - **Roger-Viollet :** p. 19 *(haut)*, 22 *(haut)*, 42 *(haut)* - **Collection Viollet :** p. 19 *(bas gauche)*, 21 *(bas)*, 39 *(bas)*, 60 *(haut)* - **J.-L. Nespoulos :** p. 20 *(haut)* - **AKG Paris :** p. 41 *(haut)* - **DR :** p. 19 *(bas droite)*, 20 *(bas gauche et droite)*, 22 *(bas gauche et droite)*, 39 *(haut)*, 40 *(haut et bas)*, 41 *(bas)*, 42 *(bas)*, 60 *(bas)*.

Sommaire

La petite châtelaine

Il fait froid dans la Haute-Marne en cette nuit d'hiver 1830.

Le château très délabré de Vroncourt est ouvert à tous vents. Une petite fille vient de naître. La maman, la jolie Marianne, est servante au château. Charles-Étienne et Charlotte Demahis, les vieux châtelains, sont présents, tout attendris par ce bébé aux cheveux noirs, qui est leur petite-fille. Leur fils, le père du bébé, n'est pas là : il a abandonné sa bien-aimée lorsqu'il a appris la naissance prochaine.

Les fées qui se penchent sur ce berceau sont donc à la fois tendres et cruelles. En effet, la petite Louise est une bâtarde et, au milieu du XIXe siècle, cette position est terrible à porter.

Mais l'enfant va être tout de suite entourée de l'amour de sa mère et, chose beaucoup plus incroyable, de l'amour de ses grands-parents paternels, qui l'élèveront comme n'importe lequel de leurs enfants et garderont Marianne à leur service jusqu'à la fin de leur vie.

Cette prise de position des grands-parents est exceptionnelle à l'époque, mais le couple Demahis est exceptionnel. Nobles et révolutionnaires en 1789, ils se moquent des préjugés et des qu'en dira-t-on. Ils ont élevé leurs enfants eux-mêmes à une époque où toutes les familles de la haute bourgeoisie et de la noblesse envoyaient systématiquement leurs enfants en nourrice jusqu'à l'âge de sept ans.

La grand-mère de Louise lui apprend à lire dans un livre d'histoire romaine en lui désignant les lettres avec son aiguille à tricoter. Elle lui fait étudier également la musique et le dessin.

Louise aime marcher dans les landes, ivre de vent, en calquant son pas sur celui de son grand-père. Il la nourrit de poésie et de philosophie. Il lui fait découvrir Victor Hugo, le grand poète. Il lui parle aussi de Voltaire* et de Molière*.

***Voltaire**
philosophe du XVIIIe siècle opposé à l'Église et à la monarchie absolue.

***Molière**
homme de théâtre du XVIIe siècle qui a notamment écrit *Le bourgeois gentilhomme.*

Les grands-parents sont anticléricaux : ils ne vont pas à la messe. Marianne et la grand-mère maternelle de Louise sont très dévotes. Louise reçoit donc une éducation à la fois laïque et religieuse.

Marianne lui explique souvent :

« Dieu est très bon, ma chérie, et il pardonnera le péché de ta naissance si tu demeures pieuse et obéissante. »

Mais, la petite Louise ne grandit pas en grâce mais en révoltes perpétuelles…

« Il n'est pas possible que ce vilain enfant soit de vous ! » claironne-t-on à la charmante Marianne.

En effet, toujours à courir la campagne avec les enfants du village, Louise, grande, maigre, brûlée de grand air ou de soleil, n'a pas l'allure d'une demoiselle. Ses jupes et ses souliers sont toujours crottés, ses cheveux noirs jamais attachés.

Les nuits de grandes neiges, les loups descendent du bois de Suzerin et viennent hurler dans la cour ; les chiens, furieux, leur répondent.

Louise adore ces nuits-là qui vont si bien à la forteresse en ruine ; mais elle sait que l'hiver qu'elle aime tant est dur aux plus miséreux…

Tout emmitouflée, Louise est assise sur les sabots de son grand-père, presque dans les cendres de la cheminée, avec les chiens et les chats.

Monsieur Demahis, enveloppé d'une houppelande de flanelle blanche, réprimande doucement Louise :

> « Je sais que tu me voles des fruits, des légumes et même de l'argent pour donner aux pauvres. Pour que tu ne me voles plus, je vais te donner de l'argent de poche. Mais tu comprendras vite que les riches ne peuvent pas toujours aider les pauvres. Il faut autre chose, un changement, tu trouveras toi-même… »

Que veut-il dire ? Qu'est ce changement nécessaire ?

Louise songe… pendant que, derrière la tapisserie verte toute trouée qui recouvre les murs, circulent des souris à la conduite irréprochable ; en effet, jamais elles ne grignotent livres, violons, guitares et violoncelles qui traînent partout… Pour les récompenser, les chats les laissent tranquilles ! Louise est bien dans la chaleur familiale qui la protège, mais pourquoi tous les enfants n'ont-ils pas droit à ce même bien-être ?

Hier soir, Louise est allée à une veillée à l'écrègne* du village. Les vieilles ont raconté des histoires de revenants et de sorcières ; elle a écouté aussi les paysans dire leurs misères et elle s'est sentie pleine de révolte quand ils ont marmonné d'un air soumis que tout le monde ne pouvait pas manger du pain tous les jours :

« Ce n'est pas juste, il ne faut pas accepter cette situation !

– Faut pas parler comme ça, petiote, ça fait pleurer le bon dieu », lui a rétorqué un vieux.

Et Louise, avec l'intransigeance de son jeune âge, n'en était que plus choquée devant ce troupeau de moutons dociles.

Toute cette atmosphère était propice à ce que Louise devînt poète…

***L'écrègne**
maison où, les soirs d'hiver, les femmes se réunissent pour filer, tricoter et raconter de vieilles histoires.

Tout en haut de la tour nord, deux fillettes de douze ans sont en grande conversation.

Elles sont aussi dissemblables que rose et ortie : Mathilde, pâle et potelée, un gros nœud mauve dans ses cheveux blonds, est assise sur le bout des fesses, dans un fauteuil défoncé, pour ne pas froisser sa jolie robe de satin vert d'eau ; sa cousine Louise est assise par terre, en tailleur, et sa jupe rouge quelque peu tachée entrave visiblement ses mouvements – Ah, qu'elle aimerait pouvoir chiper un pantalon au cousin Jules ! – ; ses boucles noires, rebelles et emmêlées sont collées par la sueur de la passion sur son visage hâlé.

« Louise ! tu as vraiment eu l'audace d'écrire au grand Victor Hugo ? Je ne parviens pas à le croire.

– Bien sûr. »

Louise se dresse théâtrale.

« Je lui ai écrit : *Votre âme a une voix pour toutes les douleurs.* »

Interloquée, Mathilde reste muette.

« Et il m'a répondu, ajoute fièrement la brunette. Je lui écrirai toute ma vie*. »

La surprise passée, Mathilde revient à des préoccupations de leur âge : l'école.

« Jules m'a dit que tu allais enfin à l'école : comment t'y sens-tu ?

– Oh ! c'est très facile, et tu sais, ma cousine, que j'adore faire des farces. Alors, lorsque monsieur le maître, debout sur l'estrade, nous a recommandé d'écrire exactement les dictées, voici ce que ça a donné sur mon cahier :

Les Romains étaient les maîtres du monde, *(Louise, ne tenez pas votre plume comme un bâton – point virgule.)* mais la Gaule résista longtemps. *(Les enfants du haut du Queurot, vous venez bien tard – un point. Ferdinand, mouchez-vous. Les enfants du moulin, chauffez-vous les pieds.)* César en écrivit l'histoire… »

Mathilde est prise d'un fou rire qui lui met le feu aux joues.

« Mais ma cousine, je ne recommencerai plus car mon vieux maître m'a dit : *Si l'inspecteur voyait ça, vous me feriez casser.* Et je l'aime beaucoup monsieur Champrond.

Ce n'est pas comme cette peste de tante Agathe…
Elle, je la déteste, siffle Louise.
L'autre jour elle a dit à ma bonne grand-mère, et devant moi !
Êtes-vous folle, ma mère, de donner des leçons de musique à cette enfant qui est déjà trop disposée à sortir de sa condition ? Vous devriez la forcer à ne tenir qu'une aiguille.

– Elle ne sait pas ce qu'elle dit, elle est malheureuse, répond Mathilde.

– Tu es vraiment trop bonne », conclut Louise, pas du tout convaincue.

***Victor Hugo**

Louise correspondra avec Victor Hugo jusqu'à la mort de ce dernier en 1885. Elle lui écrira dans son exil de Jersey et de Guernesey. Il lui écrira en prison et en Nouvelle-Calédonie.

Une jeune institutrice découvre Paris

Lorsque ses grands-parents Demahis meurent, Louise a vingt ans.

Elle décide alors de devenir institutrice. Mais, depuis la proclamation de l'Empire en 1851, il faut prêter serment à l'Empereur au moment de prendre son poste. Pour Louise, c'est impossible. Alors elle ouvre une école libre et fait chanter matin et soir à ses élèves l'hymne interdit *La Marseillaise* *.

Les commères du village harcèlent la pauvre Marianne :

« Quelle idée elle a, ta Louise ! Elle ne gagnera jamais sa vie avec ce métier-là. Elle ferait bien mieux de se placer comme cuisinière ou lingère : ça paye plus ! »

Mais Louise demeure inébranlable. Elle pratique d'abord dans un village proche de chez elle, mais Paris l'attire comme la lumière sur un papillon de nuit.

À 28 ans, elle débarque enfin avec son amie Julie dans la pension de madame Vollier, rue du Château d'eau.

***La Marseillaise**
ce chant, composé pendant la Révolution, est jugé trop révolutionnaire, donc dangereux par Napoléon III qui l'interdit.

Madame Vollier adore ses deux jeunes institutrices. Elle n'est pas riche mais elle parvient quand même à les habiller très coquettement à partir de vêtements d'occasion qu'elle transforme. Elle les loge également et la modeste maison retentit souvent des chants joyeux des trois femmes.

« Julie, ma mère m'a envoyé un peu d'argent… Accompagne-moi à la librairie : nous allons renouveler nos partitions musicales et nos livres.

– La raison devrait plutôt nous commander de renouveler nos chapeaux, ils sont si défraîchis.

– Sacrifier des livres à un chapeau ! jamais ! Et d'abord pourquoi doit-on toujours porter un maudit chapeau pour avoir l'air convenable ? »

Julie rit de bon cœur en prenant le bras de son amie, et toutes deux dévalent la Butte aux Cailles* et se dirigent vers le quartier latin.

***La Butte aux Cailles**
quartier de Paris, actuellement dans le 13e arrondissement.

« Ma mère me manque terriblement, Julie. Elle est si bonne pour moi, et cela fait trois années que je ne l'ai pas vue.

– C'est la même chose pour moi. Nous n'avons que huit jours de vacances et c'est trop court et trop coûteux pour retourner en Normandie.

– Mais il n'y a rien à faire. Nos élèves sont pauvres, leurs parents travaillent et ne peuvent les avoir à la maison plus d'une semaine par an.*

***Une semaine par an**
il n'y avait pas de congés payés. Ils existent seulement depuis 1936 !

– J'ai trouvé deux nouvelles jeunes filles à qui donner des leçons particulières de musique et de dessin le soir. Je vais pouvoir gâter un peu madame Vollier.

« Ta grand-mère Charlotte, de sa tombe, doit se féliciter de t'avoir donner une éducation de demoiselle : cela te permet d'augmenter ton maigre salaire.

– Quand j'étais petite, je la prenais pour une fée. Cela continue… »

Louise est affamée de connaissances nouvelles.

Elle découvre les cours du soir gratuits de la rue Hautefeuille. C'est un petit coin perdu de Paris, où l'on apprend les Sciences en même temps que la Liberté.

De nombreux jeunes gens, dont beaucoup de femmes et notamment des institutrices, se pressent jusque fort tard dans la nuit pour étudier physique, chimie, droit, algèbre, histoire, musique et sténographie*. Une seule chose déplaît fortement à Louise : les expériences faites sur des animaux vivants.

Elle fait la connaissance de Théophile Ferré et de sa sœur Marie qui devient sa meilleure amie.

Louise a une vraie passion pour la Science ; elle lit les livres de Jules Verne, s'intéresse aux expéditions polaires, aux travaux de Pasteur*, à la photographie, au télégraphe sans fil…

« La science et la liberté, c'est de cela que le peuple a besoin ! déclame Louise à Marie, venue la chercher à l'école.

– Tu aurais dû être actrice, réplique cette dernière, en admirant l'air théâtral de son amie. Allons retrouver mon frère et son ami Jules* au café Procope. Ce soir, un jeune poète, paraît-il très prometteur, un certain Verlaine, vient dire ses nouveaux vers.

– Encore un Jules, au secours ! j'ai toujours été entourée de Jules et voici une Julie qui arrive… »

En effet, Julie les rejoint en courant, la mine défaite :

« Je suis tellement fatiguée, je ferais bien mieux d'aller me coucher plutôt que de vous accompagner. Comme je t'envie Louise, d'être aussi débordante d'énergie. Tu viens de donner des cours de dessin ce soir après ta classe, demain soir quelques heures à l'école professionnelle des filles, le samedi tu organises des lectures pour les mères de famille, et le dimanche tu donnes des cours aux jeunes ouvriers. Trois fois par semaine on passe une partie de la nuit à étudier rue Hautefeuille et… tu trouves encore le temps d'écrire des poèmes. Comment fais-tu ? Je me demande si tes journées n'ont pas plus de vingt-quatre heures…

– À propos de poèmes, je me suis aperçu, mes chères amies, que lorsque je signe Louis Michel, ils sont plus souvent publiés que lorsque je signe Louise Michel : quelle différence il y a dans ce petit "*e*" !

La soirée est si douce, allons écouter les poèmes de ce confrère que tu nous recommandes, ma chère Marie. »

Sténographie
technique permettant de se servir de signes pour transcrire la parole aussi rapidement qu'elle est prononcée.

Pasteur
savant qui a inventé la vaccination.

Jules Guesde
il deviendra un chef socialiste important.

En 1865, Marianne, la mère de Louise, vend les terres héritées des Demahis afin d'acheter un externat à sa fille.*

Marie attend son amie sur un banc de la place Blanche.

« C'est fait Marie, je viens de signer, je m'installe là-haut à Montmartre, rue Cloys. J'ai décidé la vieille madame Vollier à venir terminer sa vie chez moi, et je crains que l'échéance ne soit fort proche. »

Joie, impatience et tristesse courent sur le visage de Louise.

« Mais ta mère va rester avec toi, ajoute promptement Marie pour la consoler.

– Oui, elle s'installe définitivement chez moi. Sa mère est morte, plus rien ne la retient au village. Elle m'aidera pour les plus petits. Je suis si contente de vivre de nouveau près d'elle – elle m'a tant manqué ! »

Julie, qui avait déjà ouvert sa propre école, se joint à elles.

« Je suis furieuse ! je n'ai pas réussi à convaincre le père de la petite Adèle de l'inscrire chez moi. Il va la mettre chez les religieuses : il m'a dit que c'était bien suffisant de lui apprendre à devenir une bonne mère de famille chrétienne.

– Je ne comprendrai jamais pourquoi il y a un sexe pour lequel on cherche à diminuer l'intelligence… Y a-t-il vraiment trop d'intelligence dans la race humaine qu'on puisse la gâcher ainsi ? Les filles sont élevées dans la niaiserie, c'est comme si on les jetait à l'eau après leur avoir interdit d'apprendre à nager !

– Comme tu as raison, répond Marie, et pourtant on côtoie tant de femmes jeunes et moins jeunes qui ont la même soif d'apprendre !

– Gare pour le vieux monde le jour où les femmes diront : c'est assez comme cela ! » réplique Louise avec flamme, en brandissant son chapeau.

Les trois amies pouffent de rire et pénètrent dans un salon de thé pour fêter dignement l'installation de Louise dans sa nouvelle école.

***Externat**
école dont les élèves rentrent chez eux le midi et le soir. Contraire de l'internat : école dans laquelle on était nourri et logé et où les élèves ne rentraient chez eux que chaque fin de semaine ou chaque fin de mois.

Naissance d'une révolutionnaire

Beaucoup de grèves éclatent pour demander la réduction de la journée de travail et un meilleur salaire.

Les femmes travaillent treize heures par jour et les hommes, quinze. Les salaires des ouvriers permettent juste de ne pas mourir de faim.

Les réunions politiques hostiles à l'Empire vieillissant se multiplient. Louise fréquente de plus en plus de « barbus »*, ces jeunes socialistes républicains, tous un peu poètes.

Elle assiste aux réunions de l'Association Internationale des Travailleurs créée à Londres en 1864.

Louise continue à envoyer des poèmes à Victor Hugo en exil à l'île de Guernesey, mais ils ne sont plus doux comme dans son âge tendre ; maintenant ils sentent la poudre… *Les Misérables** deviennent sa Bible ; elle se sent de plus en plus sociale !

4 000 corsetières à Paris fabriquent 1 corset tous les 2 jours.

Le corset qui comprime le ventre et les hanches et ainsi affine la taille et fait ressortir la poitrine est un véritable fléau pour les femmes et en plus... **il est cher !**

La confection fait son apparition en 1824 avec

LA BELLE JARDINIÈRE

le premier des grands magasins parisiens.

La clientèle petite bourgeoise y trouve des vêtements déjà cousus, en différentes tailles, sans attendre ni faire prendre ses mesures et à un prix modéré.

On fait la lessive 2 fois par an, avec des cendres ;
d'où l'usage du trousseau que les filles constituaient avant leur mariage ;
même si on ne se changeait pas aussi souvent qu'aujourd'hui, il en fallait des chemises, culottes, draps, nappe...
pour tenir 6 mois !

L'opéra a été dessiné en 1860 et édifié entre 1861 et 1875 ; par Charles Garnier.

L'impératrice Eugénie se plaignant de ne pouvoir attribuer un style précis à l'opéra, l'architecte Charles Garnier répondit : « ***C'est du Napoléon III !*** »

Charles Garnier
(1825-1898)
architecte de
l'opéra Garnier

Dans les omnibus parisiens :

Il ne se passe rien de malséant,
rien d'inconvenant
dans les omnibus.
Une dame seule peut
parfaitement
y monter.
On y rencontre, en général,
plus de femmes que d'hommes.
Les fumeurs et les gens ivres
en sont sévèrement exclus.

En somme rien de changé !

Mais certains voyageurs n'apprécient pas le train, ainsi le peintre Delacroix préfère la diligence :

> Je voyage, je vois, je suis homme ;
> je ne suis ni une boîte ni un paquet.

Alfred de Vigny écrit dans *La maison du berger* :

> Évitons ces chemins – leur voyage est sans grâce.

LE SIÈCLE DU TRAIN

en 1852 :
1 900 kilomètres
et en 1870 :
18 000 kilomètres.

AUTRES CRITIQUES

Le train est trop rapide : il atteint parfois la vitesse effarante de 30 kilomètres à l'heure. Sa fumée sent mauvais, les voyageurs sont noircis par le charbon, aveuglés par les escarbilles, assourdis par le bruit, sans n'avoir rien vu du paysage que des lignes brouillées par la vélocité du déplacement.

« La France contient **36 millions** de sujets sans compter les sujets de mécontentement »

écrit Rochefort en 1868.

En effet, il y a peu de naissances : l'accroissement est de

0,35 % en France
1,43 % en Angleterre
1,30 % en Prusse
1,24 % en Russie.

De plus, en 1871 la France va perdre ses populations d'Alsace et de Lorraine…

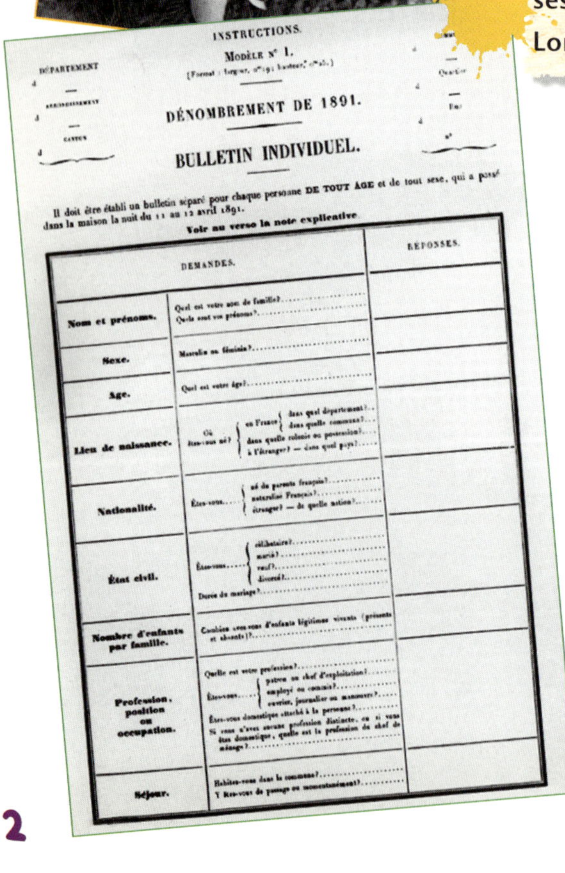

INSTRUCTIONS.
MODÈLE N° 1.

DÉPARTEMENT
ARRONDISSEMENT
CANTON

DÉNOMBREMENT DE 1891.

BULLETIN INDIVIDUEL.

Il doit être établi un bulletin séparé pour chaque personne DE TOUT ÂGE et de tout sexe, qui a passé dans la maison la nuit du 11 au 12 avril 1891.

Voir au verso la note explicative.

DEMANDES.		RÉPONSES.
Nom et prénoms.	Quel est votre nom de famille? Quels sont vos prénoms?	
Sexe.	Masculin ou féminin?	
Age.	Quel est votre âge?	
Lieu de naissance.	Où êtes-vous né? en France { dans quel département? dans quelle commune? } dans quelle colonie ou possession? à l'étranger? — dans quel pays?	
Nationalité.	Êtes-vous… { né de parents français? naturalisé Français? étranger? — de quelle nation?	
État civil.	Êtes-vous… { célibataire? marié? veuf? divorcé? Durée du mariage?	
Nombre d'enfants par famille.	Combien avez-vous d'enfants légitimes vivants (présents et absents)?	
Profession, position ou occupation.	Quelle est votre profession? Êtes-vous… { patron ou chef d'exploitation? employé ou commis? ouvrier, journalier ou manœuvre? Êtes-vous domestique attaché à la personne? Si vous n'avez aucune profession distincte, ou si vous êtes domestique, quelle est la profession du chef de ménage?	
Séjour.	Habitez-vous dans la commune? Y êtes-vous de passage ou momentanément?	

Louise Michel
enfant

Il fait nuit depuis longtemps, mais Louise se prépare à sortir.

« C'est impossible que tu ailles donner des leçons à cette heure-là, s'étonne Marianne.

– C'est Julie qui m'envoie chercher ! »

La mère se penche à la fenêtre et voit deux barbus.

« Je savais bien, dit-elle en riant, que c'était pour vos réunions ! »

Marianne s'est résignée à ce que sa fille ne se marie pas :

« Je ne veux pas être le potage d'un homme », lui a-t-elle affirmé un jour.

Marianne s'aperçoit également que petit à petit les convictions religieuses de son enfance sont remplacées par ses seules convictions révolutionnaires, et cela la désespère.

Sur les pavés glissants de Montmartre, le bruit des pas assourdit les conversations.

Les trois amis parlent pourtant bas : l'Empire a des mouchards partout.

« Théophile ! la révolution est comme un papillon qui sort dans la douleur de sa chrysalide : il faut que le papillon déploie ses ailes, qu'il sorte saignant de sa prison, ou qu'il crève.

– Louise ! tu es un vrai poète !

– Tu en doutais encore, répond Jules. Écoute ce qu'elle a écrit hier :

***Les barbus**
être barbu passait pour un signe d'anarchisme et l'Empereur avait interdit aux instituteurs de porter la barbe !

***Les Misérables**
roman de Victor Hugo qui relate la vie de Cosette et de Jean Valjean en décrivant son époque, et notamment les insurrections parisiennes de 1832.

Les hommes sont encore troupeau ;
mais voici l'aube matinière
qui fait germer les jours nouveaux ;
Debout ! Peuples ! c'est la Diane ;
Debout ! voici la Marianne
agitant les rouges drapeaux
dans la paix immense du monde.
Le progrès sans fin montera
Pareil à la foudre qui gronde.

– C'est aussi beau que *la Marseillaise noire* que tu avais glissée malicieusement dans la boîte aux lettres de madame Bonaparte !

– Assez moqué, vous deux ! Que savez-vous de la grève des ovalistes de Lyon ? Ces femmes bobinent de la soie pour un salaire de misère de cinq heures du matin à sept heures du soir, debout, dans un local mal aéré – sous prétexte de ne pas ternir la soie !

– Elles ont toutes adhéré à l'Internationale et les patrons ont capitulé !

– Formidable, formidable ! mes amis, le peuple est prêt !

– Cent cinquante-six grèves ont éclaté cette année, ajoute Jules. C'est incroyable ! »

Les trois amis arrivent près de la salle de réunion.

« Ce soir, c'est décidé, je prends la parole – je sais ce que je vais dire.

– Quoi donc ? s'impatiente Jules.

– Quand l'heure sera venue, si les hommes sont timides, les citoyennes marcheront au premier rang. Moi, j'y serai. »

Marie est venue aider son amie. Pendant la récréation, les fillettes s'ébrouent joyeusement dans la cour plantée de platanes et les deux jeunes femmes soufflent un peu…

« Le groupement des droits des femmes d'André Léo* et Maria Deraisme réclament pour les filles la même instruction que pour les garçons, cela doit te faire plaisir, Louise…

***André Léo**
écrivaine, aussi célèbre que George Sand à son époque.

– Il est temps ! J'aime beaucoup André Léo. En plus, c'est un écrivain de très grand talent !… J'ai un secret, Marie.

– Tu es bien sérieuse tout d'un coup.

– La nuit dernière, j'ai lu *Les Châtiments* de Victor Hugo. Oh ! je sais ce que tu vas me dire : c'est un livre interdit ! mais cela n'a pas été trop difficile de me le procurer…

C'est la révélation, Marie. J'ai compris qu'il s'adresse à moi quand il écrit :

Quand tout se fait petit, femmes, vous restez grandes…

c'est décidé, je vais tuer le tyran qu'Hugo appelle fort justement *Napoléon le petit.*

– Tu veux faire comme les nihilistes* russes qui tuent une seule personne influente pour épargner le sang du peuple ?

***Les nihilistes**
ils ne croient plus aux contraintes sociales et recherchent la liberté absolue. En Russie, il y a eu de nombreux attentats contre les tsars, par les nihilistes, souvent des étudiantes.

– Exactement, c'est la solution. Je vais trouver une raison pour obtenir l'autorisation de pénétrer au palais. »

Clémenceau, le maire de Montmartre, a pris l'habitude, de temps en temps, de passer un moment dans l'école de Louise.*

Il apprécie son enseignement, certes peu conventionnel, mais cependant excellent.

« Il n'y a que vous pour faire un café aussi délicieux, dit-il.

– Oh ! Monsieur Georges, vous êtes un flatteur ! répond la vieille Marianne.

– Je suis contrariée que Rochefort* ait été le seul député à avoir noué une écharpe rouge à sa taille, dit Louise. Les trois Jules* auraient pu faire un effort !

– Un détail, Louise... réplique Clémenceau. Les choses vont très vite : Blanqui vient de créer un nouveau journal, *La Patrie en danger*, et Victor Hugo rentre d'exil.

– C'est un grand bonheur pour moi, et je suis fière qu'aussitôt débarqué à Paris, il ait appelé tous les Français à prendre les armes pour défendre la Patrie.

– Les Allemands campent aux portes de Paris et ils assiègent Strasbourg, dit Clémenceau inquiet.

– Il faut libérer cette ville ! Nous allons organiser une manifestation de femmes volontaires pour partir combattre à Strasbourg.

– Diable de femme ! » conclut Clémenceau.

Le lendemain, en effet, des centaines d'institutrices, d'ouvrières et même quelques bourgeoises vont signer un gros cahier au pied de la statue de Strasbourg. André Léo signe la première, suivie de Louise.

Mais les nouveaux républicains ne sont pas si hardis : ils font emprisonner Louise et André, qui brusquement déchantent sur la République qu'elles avaient pourtant appelé de tous leurs vœux. Victor Hugo se bat comme un beau diable pour les faire libérer.

Louise et ses amis commencent à comprendre que le nouveau gouvernement a plus peur du peuple en ébullition que des Prussiens…

L'étau allemand se resserre, les vivres se font rares, l'hiver s'annonce très rude.

Le 27 octobre, on apprend que la ville de Metz se rend. Alors Paris se lève.

Le 31 octobre, la même foule qui avait crié le 4 septembre : *Vive la République*, crie : *Vive la Commune !*

***Georges Clémenceau**
homme politique qui sera très populaire pendant la Première Guerre mondiale. On l'appellera *Le Tigre* ou *Le père la Victoire.*

***Rochefort**
aristocrate socialiste, il a créé en 1868 un journal très subversif, *La Lanterne* ; en 1869, il récidive avec *La Marseillaise.*

***Les trois Jules**
Jules Grévy, Jules Ferry et Jules Favre.

La faim et le froid font des ravages durant le terrible hiver de 1870.

Les gens riches ont quitté Paris. Louise fait partie du Comité de vigilance des citoyennes du 13e arrondissement. Elle écrit officiellement au maire Georges Clémenceau :

Monsieur,
Devant la misère du peuple et ne supportant plus la vue de tous ces nourrissons qui meurent, je vous demande de prendre les mesures suivantes :*

- *Requérir immédiatement les maisons abandonnées du 13e arrondissement afin d'y loger les citoyens sans abri et d'y établir des asiles où les enfants seront nourris.*
- *Que le vin et le charbon laissés dans les caves des maisons abandonnées puissent immédiatement servir au besoin des malades et des infirmes.*
- *L'abolition complète dans le 13e arrondissement des ouvroirs* et des maisons de prostitution.*
- *La fonte des cloches de Montmartre pour faire des canons.*

Louise et Marianne luttent avec tous leurs moyens contre la misère. La mère s'occupe de l'asile pour les enfants de trois à six ans qu'a ouvert Louise, tandis qu'elle-même continue à instruire deux cents filles de six à douze ans !

Marianne fait cuire chaque jour d'immenses bassines de haricots pour le goûter des fillettes de l'école et elle explique aux voisines :

« Par délicatesse, je ne peux leur donner à dîner le midi, mais comme la plupart ont faim, j'ai imaginé ce stratagème. »

Époustouflé par l'immense charité de Louise qui donne aux indigents tout ce qu'elle possède – et même ce qu'elle ne possède pas –, Clémenceau lui accorde sur le budget de la Commune tout ce qu'il peut. Mais parfois il se fâche. Quand, par exemple, il s'aperçoit que la couverture qu'il a donnée à Louise pour son grabat* a été coupée pour faire des châles à des fillettes.

Mais, pendant le siège, les Parisiens sont pleins de ressources.

Dans l'agitation qui s'empare des quartiers populaires, Louise se fait de nouvelles amies… Elle va rejoindre Nathalie Lemesle au jardin du Luxembourg transformé en ferme.

« C'est incroyable, c'est la campagne en plein Paris : cela me rappellerait presque mon village ! dit Louise en se frottant les mains pour les réchauffer.

– Ton village, ton village, tu n'exagères pas un peu ! quelqu'un m'a dit que ce troupeau, cela représente plus de cent mille moutons, vingt mille bœufs et six mille porcs, et… il paraît qu'il y en a autant au bois de Boulogne !

– Oui, mais l'odeur, je t'assure, cela me transporte des années en arrière.

– Allez ! viens avec moi t'exercer au tir dans les baraques foraines ! »

***Nourrissons qui meurent**
neuf bébés sur dix meurent lors de ce terrible hiver.

***Un ouvroir**
institution religieuse où on apprend aux filles à coudre et à devenir de bonnes mères de famille chrétienne.

***Un grabat**
un très mauvais lit.

La communarde

D*ans la rue Lepic, Louise rencontre son ami Ferré :*

« Que mijote Thiers* ? Il s'est entouré de royalistes, de bonapartistes et de riches propriétaires de province… regrette-t-il déjà la République ?

« Il aime l'ordre par-dessus tout. Il craint que le désordre révolutionnaire ne ruine la France. Il est prêt à traiter avec l'Allemagne pour cela. Il est prêt à renverser la République, j'en suis sûr !

– C'est terrible mon ami ! mais le peuple ne se laissera pas faire. Malgré leur misère, les habitants de Belleville et de Montmartre ont fait le sacrifice de dix centimes pour payer des canons. »

Effectivement, sur les hauteurs de la butte, quatre-vingts canons et soixante-seize mitrailleuses sont devenus le symbole du peuple qui ne veut pas se rendre à l'ennemi campant aux portes de la ville.

Le 22 janvier 1871, Louise participe à la manifestation de l'hôtel de ville en faveur de la Commune et fait le coup de feu pour la première fois. Elle aime se transformer en farouche guerrière.

Le gouvernement promet de ne pas livrer Paris aux Prussiens, mais le 27, le canon se tait et le 29, le drapeau allemand flotte sur les forts : Paris a été livré.

***Thiers**
le chef du gouvernement.

Dans la nuit du 17 au 18 mars, Thiers a essayé de reprendre les armes des Parisiens. À Montmartre, Louise était de garde, rue des Rosiers. Elle entend, elle voit la troupe investir le poste du 61e bataillon. Elle dégringole la butte en criant *Trahison !* L'alerte est donnée, le peuple grossit dans les rues et le peuple se défend. La honte est là ! le gouvernement envoie ses troupes contre les Parisiens au lieu de les envoyer contre les Prussiens ! les femmes se jettent sur les canons pour les protéger de leur corps.

« *Feu !* ordonne le général, contre les ménagères, *Feu !* ordonne le général contre les gamins morveux ; mais… les soldats fraternisent avec la foule.

– Vive la Commune ! » clame Jean-Baptiste Clément*.

***Jean-Baptiste Clément**
c'est lui qui écrira la chanson en souvenir de la Commune : *Le temps des cerises.*

La Commune est proclamée. Les amis de Louise sont élus : Ferré, Clément, Blanqui et Vallès. Le général est fusillé. Thiers se réfugie à Versailles et donne l'ordre aux troupes d'abandonner Paris… pour un temps !

« On veut tout, dit Louise à Marie. On veut changer le vieux monde : séparer l'Église de l'État, laïciser l'école, libérer la presse, ouvrir les Musées au public, interdire la vente des objets du Mont de Piété*. Mais avant tout il faut remettre en route les ateliers.

– Tu es prête à mourir pour la Liberté !

– Évidemment. Mais quel dommage que ma mère reste étrangère à mes idées !

– À 40 ans Louise, alors que tu es capable de toutes les audaces, tu redeviens devant elle, à chaque incartade, une petite fille !… » sourit Marie finement.

***Le Mont de Piété**
endroit où on mettait des objets en gage contre de l'argent. On pouvait les reprendre en les rachetant. Mais les objets qui ne pouvaient pas être rachetés à temps étaient vendus.

Louise fait l'école le jour, le soldat la nuit, parfois habillée en homme et chaussée de gros godillots ; capable de braver les tirs versaillais pour sauver un chaton sur les barricades...

Le 2 avril, les troupes versaillaises attaquent Paris et tous les premiers prisonniers sont égorgés.

Louise se repose au pied de la barricade de la place Blanche. Une amie, Victorine, vient la rejoindre.

« Je suis lasse, dit-elle, j'ai fait le coup de feu et soigné des blessés toute la sainte journée.

– À propos de sainte, tu me donnes une idée. Viens, entrons dans ce temple protestant. Il est abandonné, mais il a un orgue magnifique. Cela fait tellement longtemps que je n'ai pas joué ! »

Les notes célestes d'une cantate s'élèvent, irréelles, dans un décor de ruines.

« Merci Louise, cette musique de Bach m'apaise, mais quand en aurons-nous fini de toutes ces horreurs ?

– Je ne sais, mais on dit que Thiers s'entend bien avec Bismarck* et qu'il va récupérer cent trente mille prisonniers libérés d'Allemagne.

– As-tu lu ce qu'a écrit le correspondant du *Times** ?

– Et bien non, dis vite !

– Si la nation française ne se composait que de femmes, quelle terrible nation ce serait.

– Avant-hier, je montais au fort d'Issy – sais-tu que les obus n'ont pas réussi à écraser toutes les violettes du chemin ? Et là, je suis tombée sur une querelle très forte : nos compagnons refusaient, comme soignantes, des braves filles qui n'avaient que le tort d'être des prostituées ! J'étais indignée et je leur ai dit : *Qui donc a autant le droit qu'elles, les plus tristes victimes du vieux monde, de donner leur vie pour le nouveau ?*

– Magnifique, répond Victorine, d'autant plus qu'il y a de plus en plus de tire-au-flanc parmi eux ! »

***Bismarck**
chancelier de la Prusse qui a réalisé la grande Allemagne en 1871.

***Times**
journal anglais, encore publié aujourd'hui.

Le 21 mai, les troupes entrent dans Paris. Thiers leur a fait boire de l'alcool en disant : Pas de prisonniers...

Pendant une semaine, les combattants luttent quartier par quartier, barricade par barricade ; les volontaires de Montrouge, ceux de Belleville et de Montmartre sont les plus nombreux.

Plus de dix mille femmes, aux jours de mai, se battent pour la liberté.

Les exécutions massives commencent. Le 27 mai, le massacre des fédérés parmi les tombes du Père Lachaise* marque la fin de *la semaine sanglante.*

La Seine est devenue un fleuve de sang.

« La catastrophe est imminente, brûlons Paris ! Envoyons des flots de pétrole pour faire reculer les Versaillais* ! » hurle Louise à ses camarades.

Alors, comme des torches, s'allumèrent les Tuileries, le Conseil d'État, la Légion d'Honneur, la Cour des comptes, l'Hôtel de Ville.

***Père Lachaise**
cimetière parisien où est inscrit sur le mur dit « des fédérés » le souvenir de cet épisode. En octobre 1871, on s'aperçut qu'il manquait 100 000 habitants à Paris (partis en exil, mis en prison ou envoyés en déportation et 30 000 avaient été massacrés dans les rues de Paris.)

***Les Versaillais**
les troupes de Thiers s'étaient regroupées à Versailles.

Dans ce Paris de feu et de sang, Louise, restée la dernière sur une barricade, parvient à échapper aux Versaillais déguisés en gardes nationaux.

« Nathalie, prête-moi une jupe, la mienne est toute criblée de balles. Je suis sans nouvelle de ma mère depuis trois jours.

– Je viens avec toi. »

Les deux femmes se dirigent avec précaution vers l'école. La cour est déserte.

« C'est Finette qu'on entend hurler, ma petite chienne jaune ; elle est enfermée dans la cuisine. »

Une vieille voisine s'avance vers elles.

« Oh ! Mademoiselle Louise, quel grand malheur ! les maudits soldats de Thiers ont emmené votre mère. Ils ont dit qu'ils allaient la fusiller à la place de la fille.

– Jamais ! je vais me constituer prisonnière.

– Prenez garde, mes braves dames, la répression est terrible : on dit qu'il suffit qu'une femme soit pauvre et mal vêtue pour être exécutée comme *pétroleuse**. »

Louise est emprisonnée. Elle menace, elle apostrophe, elle essaie de sauver Théophile Ferré, condamné à mort. Dans ses lettres, elle nomme les membres du conseil de guerre :

« mouchards, escrocs, hyènes, vampires chauves, larves de cercueils… »

Nathalie arrive dans la même prison que son amie.

« Quand on m'a changé de geôle, j'ai rencontré Marie qui allait chercher le corps de son frère : elle était très pâle, mais ne pleurait pas – on aurait dit une morte, lui dit Louise.

– Étais-tu amoureuse de Théophile Ferré ? demande Nathalie.

– Je ne sais pas, n'ai-je pas donné mon cœur à la Révolution ? Mais je suis heureuse d'avoir pu lui envoyer, grâce au bon aumônier*, un petit œillet fabriqué dans un morceau de ma ceinture rouge.

– C'est terrible, tous les soirs, ces noms qu'on appelle. Des hommes se lèvent à la lueur d'une lanterne. On leur donne la pelle et la pioche pour creuser leur fosse. On entend des détonations. C'est fini pour cette nuit-là…

– Ma bonne Nathalie, je crains que ce ne soit mon tour. Ce matin en me donnant un morceau de pain, le geôlier m'a dit que je serais fusillée demain. *Comme il vous plaira,* lui ai-je répondu !

– Oh non ! Louise », murmure Nathalie en la serrant dans ses bras.

Mais Louise a du sursis. Devant le conseil de guerre qui la juge, elle affirme :

« Je ne veux pas me défendre, je ne veux pas être défendue. J'appartiens tout entière à la Révolution sociale et je déclare accepter la responsabilité de tous mes actes. Il est vrai que je voulais tuer Thiers* et opposer une barrière de flammes aux envahisseurs de Versailles. »

On n'ose pas la fusiller. Elle parle trop fort et elle a des amis susceptibles d'ameuter l'opinion comme Victor Hugo qui vient d'écrire un poème sur elle : *Viro Major**.

Pétroleuse
femme accusée de vouloir mettre le feu avec du pétrole (c'était avec ce combustible qu'on s'éclairait et se chauffait à cette époque).

Un aumônier
ecclésiastique en poste dans un établissement : prison, lycée, caserne…

Tuer Thiers
elle n'avait pu tuer Napoléon III car elle n'avait pu avoir son entrée au Louvre avant qu'il ne parte à la guerre.

Viro Major
extrait du poème, page 41.

Louise devient le matricule 2182.

Égale à elle-même, elle soigne ; elle écrit pour les autres ; elle défend les prostituées ; elle s'occupe en donnant des cours à ses codétenues et écrit aussi un livre de contes pour enfants.

L'hiver 1871 est terrible. Les détenues sont souvent obligées de marcher toute la nuit autour de leur cellule pour ne pas mourir de froid.

« Victorine, ma mère est incorrigible ! Voilà qu'elle essaie de me réconcilier avec la religion. Elle m'a mis sous la protection de la Sainte Vierge et de saint Joseph. Et elle m'a dit le plus sérieusement du monde qu'une seule chose lui ferait plaisir : c'est que je devienne un peu plus docile…

– Ah, les mères, quel souci ! taquine Victorine.

– À qui le dis-tu ! Bon, et si on parlait de notre voyage futur ?

– Tu es incroyable Louise. Je te rappelle que ce n'est pas un voyage d'agrément, mais la déportation qui nous attend !

– D'accord, mais puisqu'on a la chance d'être envoyées dans un pays lointain et mal exploré, il faut l'étudier, le découvrir. J'ai écrit à la Société de Géographie pour leur proposer de leur envoyer mes observations sur le climat et les productions locales.

– Ils t'ont répondu, là, en prison ?

– Mais oui. Et ils me donneront en échange des graines pouvant être utiles à la colonie.

– Tu n'as vraiment pas peur de la déportation ?

– Je serai fort triste d'être séparée de ma mère que j'aime tant et qui devient vieille. Mais c'est aussi un fabuleux voyage d'aventures ! et puis, il fera plus chaud ! »

Le Grand Hôtel du Louvre, dans le quartier du Palais Royal, existe toujours.
À l'époque, avec ses 800 chambres, il est le plus grand hôtel d'Europe.

Déjà des touristes !*

Après la Commune, Zola écrit : *« J'en ai déjà vu passer, blêmes, froids, regardant les ruines avec des lorgnettes, méthodiquement, comme s'ils mesuraient les trous. Ils vont par bandes et ils semblent si parfaitement indifférents qu'on a envie de les battre ! »*

touristes*
mot inventé par l'écrivain Stendhal

Paul Verlaine et un extrait du poème *Ballade en l'honneur de Louise Michel*

Ballade en l'honneur de Louise Michel

Elle aime le Pauvre âpre et, franc
Ou timide, elle est ta faucille
Dans le blé mûr pour le pain blanc
Du Pauvre, et la sainte Cécile,
Et la Muse rauque et gracile
Du Pauvre et son ange gardien
À ce simple ; à cet imbécile.
Louise Michel est très bien.

Paul Verlaine,
poème publié en 1888.

Quand Louise Michel apprend la condamnation à mort de Théophile Ferré, elle lui envoie une fleur rouge confectionnée dans son écharpe accompagnée de ce poème.

À Théophile Ferré, condamné à mort

Si j'allais au noir cimetière,
Frères, jetez sur votre sœur
Comme une espérance dernière
De rouges œillets tout en fleur.
Dans les derniers temps de l'Empire,
Lorsque le peuple s'éveillait,
Rouge œillet, ce fut ton sourire
Qui nous dit que tout renaissait.
Aujourd'hui, va fleurir dans l'ombre
Des noires et tristes prisons,
Va fleurir près du captif sombre
Et dis-lui bien que nous l'aimons.
Dis-lui que par le temps rapide
Tout appartient à l'avenir,
Que le vainqueur au front livide
Plus que le vaincu peut mourir.

Poème de Louise Michel à la maison d'arrêt de Versailles, le 4 septembre 1871 et portrait de Théophile Ferré

L'amie des Canaques

En août 1873 après plus de deux ans de prison, Louise embarque avec ses compagnons pour la Nouvelle-Calédonie, un voyage sur Le Virginie *qui va durer quatre mois.*

Alors que la plupart de ses compagnons sont terrassés par le mal de mer, elle admire les éléments déchaînés.

Une demi-heure l'après-midi, on sort les prisonniers de leur cage pour leur faire prendre l'air sur le pont.

Louise en profite pour faire des croquis puis raconte à madame Leblanc qui reste malade au fond de la cale toutes les surprises que lui offre cette traversée maritime.

« À Palma, j'ai vu des indigènes à la peau basanée, aux cheveux blonds et aux yeux bleus. C'est peut-être des descendants de l'Atlantide.

– C'est quoi l'Atlantide ? demande le petit Louis, tout pâle, appuyé contre sa mère.

– C'est un pays imaginaire, je te raconterai son histoire ce soir… Je suis indignée qu'ils aient osé déporter vos enfants avec vous ! la pauvre Jeanne est née en prison et elle doit survivre à ce dur voyage… Tiens Louis, mange, il paraît que c'est délicieux.

– Qu'est-ce que c'est ? demande l'enfant en ouvrant des yeux immenses.

– Une orange. Nous venons de faire une escale sur la côte brésilienne. Le capitaine me l'a donnée.
Non, non, ne croque pas ainsi, il faut enlever cette peau épaisse. »

Au bagne, sur la presqu'île Ducos, Louise et ses compagnons parmi lesquels Rochefort, le marquis député, Henry Bauer, auteur dramatique, et plein d'artisans ébénistes, ciseleurs, graveurs, orfèvre deviennent maçons pour construire des huttes d'argile surmontées de toits de branchage.*

La discipline du bagne est sévère. À la moindre infraction : la cellule, le quart de pain, les fers et même le fouet.

Et le soleil cogne, implacable…

Beaucoup de déportés meurent à la suite de mauvais traitements.

Les autres doivent organiser leur vie ; Louise a si peu de besoin qu'elle ne perd pas son temps en problème de vêtements ou de nourriture.

« Tenez, voilà pour vos enfants, madame Leblanc. Clémenceau m'a envoyé un peu d'argent : vous pourrez les nourrir un peu mieux.

– Comment faites-vous pour ne manger que les produits de cette île maudite ? dit la brave femme avec une moue de dégoût.

– Je vous assure que je me régale de ces figues sentant un peu la cendre, de ces pommes âpres de l'acajou et de ces grosses mûres couvertes d'une couche blanche qui ressemble au sucre. »

Rochefort et Bauer viennent rejoindre les deux femmes.

« Est-il vrai, Louise, que vous songez sérieusement à faire une expédition chez les Canaques ?

– Et comment ! J'ai hâte de découvrir leurs légendes, leurs chants, leur dialecte, leurs coutumes.

– Mais ils sont cannibales, affirme Bauer.

– Et si nos gardes vous surprennent, vous serez fusillée, ajoute Rochefort.

– Je ne peux venir dans cette île et ne pas connaître ses habitants ! Et qui des Canaques ou des Versaillais sont les civilisés ? Après toutes les horreurs de la Commune, je m'interroge… »

*Henry Bauer
fils naturel mulâtre du romancier Alexandre Dumas.

Une nuit, Louise traverse la forêt. Avec les quelques mots qu'elle a appris, elle parvient à faire comprendre aux Canaques qu'elle est une sœur amie.

Une popinée* qui tient dans ses bras deux piquinini* ordonne à un indigène de préparer un siège de feuilles de flamboyant et Louise s'assoit au milieu du groupe.

« Toi criminelle sans doute ?

– Non. En France il y a des bons et des méchants. Les méchants sont ceux qui oppriment le peuple qui travaille pour nourrir les riches. J'ai voulu, avec de nombreux amis, renverser les méchants au pouvoir.

– Alors toi bonne, dit le chef canaque, toi protectrice des malheureux. »

Louise explique succinctement les différents épisodes de la Commune.

« Toi guerrier comme nous. Toi te battre pour la liberté comme nous.

– Je vous aiderai », conclut Louise.

Elle se fait un dictionnaire et apprend aux Canaques le savoir des colonisateurs… qui leur sera fort utile.

Elle fait aussi la connaissance de déportés algériens* dont elle apprécie la musique.

Un matin, Victorine et Nathalie viennent réveiller Louise dans sa case.

Louise a du mal à s'arracher au sommeil car elle a enseigné aux Canaques une partie de la nuit.

« Réveille-toi. Rochefort s'est évadé. Les gardes sont furieux. Cela va nous retomber dessus.

– Ne va plus en forêt, consacre-toi à tes papayers* malades, sois plus prudente, dit Nathalie.

– D'abord mes papayers ne sont plus malades depuis que je les ai vaccinés en imitant monsieur Pasteur. Et puis, ne plus aller en forêt, mais vous êtes folles ! Venez-donc plutôt avec moi voir cette splendeur : des lianes aux fleurs blanches ou jaunes envahissent tous les arbres, les bois sont rouges de tomates indigènes, grosses comme nos cerises…

– Tu es incorrigible ! s'exclame Victorine.

– Et puis, les Canaques n'ont que moi pour les comprendre. Je suis révoltée contre la manière dont l'administration française s'accapare les terres des indigènes : elle lâche des milliers de têtes de bétail, ses bœufs piétinent les ignames, détruisent les canaux d'irrigation, croquent les feuilles de taro, et réduisent ainsi les Canaques à la famine. De plus, les Français abusent des corvées, enlèvent les femmes et violent les sépultures.

– On dit que la révolte est proche, dit Nathalie.

– Après tout ce que je vous dis, cela vous étonne encore ! Laissez-moi me reposer, je travaille la nuit, moi ! »

Une popinée et deux piquinini
une maman et deux bébés.

Déportés algériens
la France a colonisé l'Algérie en 1830. Une révolte éclate en 1871. Les insurgés ont aussi été déportés en Nouvelle-Calédonie.

Un papayer
arbre dont le fruit est la papaye.

Effectivement le régime pénitentiaire se durcit.

Les prisonniers n'ont même plus le droit de pêcher et de chasser et ils souffrent tous de la faim. Et malgré cela, lorsque la grande révolte des Canaques éclate en 1878, certains déportés forment une unité de combat dans les troupes de leurs gardiens.

Louise est assise sur le sol, près de sa case, à l'ombre d'un arbre chétif. Elle se confie à Nathalie :

« J'aimais beaucoup mes compagnons, mais quand j'ai vu cela, ils m'ont dégoûtée.

– Je reconnais que les Canaques sont courageux, on dit que les Français ont eu beaucoup de mal à mater la révolte.

– Oui. Imagines-tu, Nathalie, que pendant quelque temps, des armes primitives aient pu avoir raison des fusils ? Et pour venir à bout de casse-têtes et de flèches, la France a mobilisé quatre mille six cents soldats, marins et gendarmes.

– Pour en venir à bout plus vite, les Français ont incendié la forêt et la brousse, ajoute Nathalie, pleine de dépit.

– Je me suis bien gardée de dire qu'une nuit, je suis allée, dans le plus grand secret, rejoindre les insurgés canaques pour leur montrer comment couper les fils du télégraphe. Moi, je suis avec eux comme j'étais avec le peuple de Paris, révolté, écrasé et vaincu.

– Louise, tu es vraiment incorrigible. Tiens, voilà pour te réchauffer le cœur ; le garde-chiourme m'a donné deux lettres pour toi : ta maman et notre amie Marie Ferré. »

Louise ouvre fébrilement les enveloppes et s'isole dans le simple plaisir de se rapprocher de celles qu'elle aime.

Une nuit, Louise entend frapper à sa case.

« Qui est là ?

– Tayo, tayo. »

Louise reconnaît la voix de Nouali, un chef canaque de la montagne. Elle ouvre vivement sa porte : ils sont trois, ils sont horribles à voir.

« Mon Dieu, dans quel état êtes-vous ! vos cheveux sont brûlés et toutes ces plaies affreuses sur vos jambes. Laissez-moi vous soigner.

– Sœur, dit Nouali, nous perdus, nous bien malheureux. Frères et moi allons partir dans la pirogue.

– Et où irez-vous ?

– Loin, très loin, mais nous n'avons pas voulu partir avant de te dire adieu ; tu as toujours été très bonne pour les pauvres Canaques et eux toujours penser à toi. »

Louise, qui avait conservé son écharpe rouge de la Commune à travers mille péripéties, la déchire en trois morceaux qu'elle donne aux Canaques.

La révolte est finalement matée : plusieurs milliers de noirs sont morts en tentant de conquérir leur indépendance.

Henri Bauer se précipite vers Louise qui nourrit ses innombrables amis à quatre pattes.

« J'ai reçu des nouvelles de Rochefort !

– Et bien, parle !

– Il est encore exilé en Angleterre, mais il écrit qu'en France le gouvernement a changé. Thiers est mort. Et Louise, savez-vous que des pétitions circulent pour demander votre grâce !

– Je serai graciée avec tous ou jamais, réplique Louise furieuse, et je vais de ce pas l'écrire au président de la République.

– Cependant tu peux accepter d'aller à Nouméa*, dit Victorine, venue les rejoindre. Tous les déportés qui ont purgé cinq ans de peine peuvent s'y installer à condition de pouvoir travailler.

– Qu'irais-je faire chez les oppresseurs ?

– Mais instruire les petites filles comme tu l'as toujours fait. Pour ma part, je vais reprendre mon métier de lingère. »

Louise accepte et enseigne au pensionnat de filles de Nouméa. Son souci du traitement égal des élèves pauvres ou riches fait parfois scandale !

Soutenue par le maire de Nouméa, elle peut même continuer à faire la classe à ses chers Canaques, le dimanche.

Le retour en France

Enfin, le 11 juillet 1880, l'amnistie totale des condamnés de la Commune est promulguée ; apprenant en même temps que sa mère a eu une attaque, Louise part précipitamment en promettant à ses amis canaques de revenir.

***Nouméa**
capitale de la Nouvelle-Calédonie.

À l'escale de Londres, des proscrits* sont venus en barque à la rencontre du bateau en chantant des chants révolutionnaires.

***Des proscrits**
exilés à cause de leurs idées révolutionnaires.

Louise retrouve avec émotion son ami Jules Vallès qui lui procure une immense cage à oiseaux pour transporter plus commodément les nombreux chats qu'elle a ramenés !

Mais malgré l'accueil chaleureux elle ne s'attarde pas à Londres car elle est inquiète pour la santé de sa mère.

Louise traverse Paris au milieu d'un enthousiasme difficile à décrire. Des milliers de personnes l'acclament : *Vive, Louise Michel, vive la Révolution, vive l'Humanité !* Mais, délaissant tous les honneurs parisiens, Louise part pour la Haute-Marne se jeter dans les bras de sa mère.

Moins de quinze jours après son arrivée, elle fait sa première conférence à Montmartre.

Révolutionnaire jusqu'à la mort

Louise a cinquante ans. Elle a retrouvé avec émotion son amie Marie Ferré.

Les deux femmes se promènent à Montmartre sur les pas de leur jeunesse. Elles sont en noir toutes les deux, l'une en deuil de son frère, l'autre en deuil de la Révolution.

« Il faut continuer le combat pour la liberté des femmes, Louise. Les ouvriers sont très misérables, mais les femmes sont encore plus exploitées.

– Ce qu'il faut, c'est l'instruction égale, le salaire égal et un mariage « libre » où l'homme ne sera plus le propriétaire de la femme.

– Nous sommes la moitié de l'humanité quand même ! s'insurge la douce Marie.

– Quand l'égalité entre les sexes sera reconnue, cela fera une fameuse brèche dans la bêtise humaine ! affirme Louise.

– Alors l'homme et la femme pourront marcher la main dans la main.

– Exactement, ma chère Marie.

– Pour parler d'autres choses, il paraît que le prix d'entrée de tes conférences est très élevé. Méfie-toi des mauvaises langues qui disent que tu tires grassement profit du malheur du peuple. Moi, je sais qu'il n'en est rien, mais…

– Bien sûr que c'est toujours pour remplir la caisse de telle ou telle grève ou pour payer un avocat à un inculpé ! »

La vie ne peut être tranquille pour Louise.

En 1883, elle est condamnée à six ans de réclusion pour avoir participé à une manifestation qui dégénère en pillage de trois boulangeries.

Louise est fatiguée. Sa chère Marie est morte un an plutôt et sa mère vieillit terriblement. Cependant elle se tient, farouche, à son procès :

« J'ai refusé le concours d'un avocat – c'est une chose qui vous épouvante, messieurs. On n'est pas habitué à voir une femme qui ose penser. Peut-être que des gamins ont recueilli des miettes, mais revenons à des choses plus sérieuses. Monsieur l'avocat général veut me donner le rôle de principale accusée. Je l'accepte. Il y a longtemps que j'ai fait le sacrifice de ma personne. »

À l'annonce du jugement, indigné, Paul Verlaine écrit une *Ballade en l'honneur de Louise Michel* *.

***Ballade en l'honneur de Louise Michel**
extrait en page 42.

Louise est condamnée à être emprisonnée à Saint-Lazare.

« Sa sollicitude, sa patience, sa charité font merveille ici. Depuis son arrivée, je n'ai presque plus besoin de surveiller mes pensionnaires, de la belle racaille, pourtant, dit le directeur à Rochefort venu rendre visite à sa camarade d'exil.

– Je ne suis pas surpris, déjà pendant la Commune elle défendait l'honneur des prostituées.

– J'ai entendu l'autre jour ma détenue la plus dangereuse lui dire qu'elle se souviendrait d'elle toute sa vie car elle a été la seule à lui avoir dit de bonnes paroles… *Ah, si j'avais eu une mère comme vous !…* a-t-elle conclu en pleurant.

– Vous comprenez pourquoi tout le monde l'appelle *La bonne Louise.* Mais comme à son habitude, je sais qu'elle donne tout ce qu'elle a… alors, pour l'empêcher de mourir complètement de faim, je vais la forcer à manger quelques gâteaux en ma compagnie. Me laissez-vous passer mon ami ? demande Rochefort.

– Bien entendu, et savez-vous qu'elle ne perd pas son sens de l'humour. Elle sait bien que sa correspondance est surveillée. Alors hier, elle a noté sur une lettre adressée à son amie la duchesse d'Uzès* : *Les individus chargés d'ouvrir les lettres voudront bien au moins recacheter de suite et mettre à la poste. Ils voient bien que nous ne parlons pas d'eux !*

– Je reconnais bien là ma chère Louise et c'est une honte pour notre gouvernement qu'elle moisisse en prison. »

La vieille Marianne est au plus mal ; elle est paralysée et vit avec les quinze chats que Louise lui a confiés.

***La duchesse d'Uzès**
aristocrate qui finança de nombreux journaux anarchistes et aida Louise Michel jusqu'à sa mort.

Clémenceau, devenu député, intervient auprès du ministre de l'Intérieur afin que Louise revoie sa mère.

Elle peut ainsi rester chez elle, quelques jours, sous la garde de trois agents jusqu'à la mort de Marianne.

Lorsqu'elle sort de prison, ses amis lui trouvent un petit appartement à Levallois-Perret.

Elle reprend ses conférences.

Au cours de l'une d'entre elle, en 1888 au Havre, un Breton tire sur elle ; une balle vient se loger dans le côté gauche de sa tête.

Sa fidèle Charlotte, qui a pris dans sa vie le vide laissé par la mort de Marie, essaie de la calmer.

« Reste tranquille, il faut que ce médecin extraie la balle.

– Mais je ne veux pas porter plainte – écoutez-moi, il ne doit pas aller en prison, il n'est pas responsable.

– Mademoiselle, je ne parviens pas à extraire cette balle. Vous devrez vivre avec ! » dit le médecin.

En avril 1890, Louise est de nouveau arrêtée en raison de ses propos anarchistes*. On essaie de la faire passer pour sénile* ; alors, aussitôt sortie de prison, elle s'exile en Angleterre.

***Anarchiste**
qui ne croit plus à aucun gouvernement.

***Sénile**
folie qui guette la vieillesse.

À la fin du siècle, elle rentre à Paris au moment où les anarchistes font exploser quelques bombes.

Un journaliste du *Matin* vient recueillir les impressions d'une respectable vieille dame…

« Que pensez-vous, Madame, de ces attentats ?

– Et quoi ! Vaillant a jeté une bombe à la chambre des Mollusques – pardon, à la chambre des Députés ! il aurait pu la jeter au Sénat, ce Terre-neuve pelé, je l'approuverais tout autant. »

Le journaliste, abasourdi, se dit en lui-même qu'il n'y a plus de vieillesse !

À cette époque, Louise a presque soixante-dix ans. Ses mémoires viennent de paraître. Son éditeur la décrit ainsi :

Elle avait un visage masculin taillé à la serpe, des yeux exprimant une grande bonté, une voix d'une douceur extraordinaire, le front très haut, les cheveux très grisonnants, tombant sans arrêt en boucles autour de la tête ; entièrement habillée de noir, coiffée d'un chapeau informe, habillée à la six-quatre-deux, la jupe ajustée au hasard.*

Dans le petit appartement de Levallois-Perret, il n'y a même pas le strict nécessaire.

« Ta santé se détériore, ma bonne Louise, dit Charlotte. Tu ne dois plus faire autant de conférences. Tu attrapes une bronchite tous les hivers et souviens-toi de ta pneumonie il y a deux mois.

– Oh ! il faut bien mourir de quelque chose. Allez, prépare-nous un bon café avant que nous ne prenions le train pour Nancy. Je sais qu'il y aura beaucoup de femmes. J'ai un message pour elles.

– Lequel ?

– Elles doivent dire à leurs enfants que, si on les envoie combattre leurs semblables, il faut qu'ils mettent la crosse en l'air. Il y a trop de guerre en ce moment. Évidemment ce n'est pas chez nous, mais en Tunisie, à Madagascar et au Tonkin*.

– Oui, je sais, Louise, que tu éprouves de la pitié pour ces peuples que la France veut coloniser.

– On m'a invitée en Algérie. Ce sera peut-être mon dernier voyage, mais j'irai pour mener le combat de la justice et de la paix.

– Nous n'avons pas d'argent en ce moment. Tu vas encore devoir voyager sans confort et ce n'est plus de ton âge », grommelle la brave Charlotte.

Louise retrouve avec émotion les Algériens qu'elle avait appréciés en Nouvelle-Calédonie ; elle voit des paysages qui lui rappelle la luxuriance et la luminosité de la presqu'île Ducos.

Un mois après, revenue à Marseille elle contracte une double congestion pulmonaire et meurt le 9 janvier 1905 dans une chambre d'hôtel. Elle a soixante-quinze ans.

Le 22 janvier, pour l'enterrement de Louise Michel à Paris, le préfet de police a mobilisé près de dix mille hommes. La *Vierge rouge** donne encore la grande frousse à la bourgeoisie !

***À la six-quatre-deux**
expression apparue vers 1867 exprimant la rapidité, le manque de soin apporté à l'exécution d'une action.

***Tonkin**
colonie française : nord de l'actuel Viêt-Nam.

***La Vierge rouge**
nom qu'on lui donnait : vierge, car on ne lui connaissait pas d'amant, et rouge, couleur de la révolution.

Gare de Lyon à 10 h, le cercueil recouvert de couronnes d'immortelles et d'églantines est placé sur un char funèbre tout simple, sans le moindre ornement ; la fidèle Charlotte Vauvelle conduit le cortège.

Le chant de l'Internationale s'élève.

La police essaie bien d'empêcher les manifestants de chanter, mais elle doit céder devant la détermination et le nombre des manifestants.

Le cortège grossit comme un fleuve, de la Nation au Père Lachaise, puis en passant par Belleville et par Clichy.

Les femmes, que Louise a toujours défendues, sont des milliers, l'églantine piquée au corsage, le ruban rouge serrant la taille.

Montmartre fait une ovation à sa vaillante citoyenne ; une clameur formidable explose : *Vive la République sociale, Vive la Commune.*

Cent vingt mille personnes arrivent devant le petit cimetière de Levallois-Perret. Le cercueil de Louise est descendu lentement auprès de celui de sa mère Marianne, tout près de la tombe de Marie et de Théophile Ferré.

Ce même 22 janvier, à Saint-Pétersbourg, devant le palais d'Hiver, des milliers de manifestants tombent sous les balles des soldats du Tsar ; c'est le début de la Révolution russe.

Cette coïncidence aurait bien plu à Louise...

Quelques dates de la vie de Louise Michel

29 mai 1830	Naissance de Louise Michel à Vroncourt (Haute-Marne).
27 septembre 1852	Ouverture d'une école libre.
1865	Vente des terres des Demahis pour acheter un externat.
1868	Ouverture d'un cours, à Paris.
Octobre 1870	Louise Michel fait la connaissance de Théophile Ferré.
31 octobre 1870	Louise Michel participe à une manifestation en faveur de la Commune devant l'Hôtel de Ville.
21 mai 1871	Derniers combats de la Commune et arrestation de Louise Michel.
28 novembre 1871	Exécution de Théophile Ferré.
16 décembre 1871	Condamnation de Louise Michel à la déportation.
28 août 1873	Embarquement sur le *Virginie*.
10 décembre 1873	Arrivée en Nouvelle-Calédonie.
1878	Insurrection canaque.
11 juillet 1880	Amnistie en faveur des condamnés de la Commune.
7 novembre 1880	Arrivée de Louise Michel à Londres.
9 novembre 1880	Réception triomphale à la gare Saint-Lazare à Paris.
9 mars 1883	Manifestation des chômeurs avec Louise Michel.
23 juin 1883	Condamnation à six ans de réclusion.
8 janvier 1886	Grâce accordée par le président de la République.
14 août 1886	Condamnation à quatre mois de prison.
22 janvier 1888	Un « chouan » tire sur elle deux coups de pistolet.
1890-1895	Exil à Londres.
13 novembre 1895	Retour à Paris de Louise Michel, accueillie par une manifestation de sympathie à la gare Saint-Lazare.
27 juillet 1896	Congrès international socialiste des travailleurs à Londres.
16 septembre 1897	Arrestation de Louise Michel à Bruxelles et expulsion.
1897-1903	Allers-retours entre Londres et Paris.
9 janvier 1905	Mort de Louise Michel à Marseille.
22 janvier 1905	À dix heures du matin, un imposant cortège accompagne le corps de Louise Michel de la gare de Lyon au cimetière de Levallois-Perret.

Le Mur des Fédérés au cimetière du Père Lachaise : les derniers combattants de la Commune y furent fusillés le 28 mai 1871.

Compogravure : PEMF

Imprimé en France par I.M.E 25110 Baume-les-Dames

Dépôt légal : Septembre 2002

N° Éditeur : 2002/10021